Bibliografische Information der Deutschen Nationalbibliothek:

Die Deutsche Bibliothek verzeichnet diese Publikation in der Deutschen National-
bibliografie; detaillierte bibliografische Daten sind im Internet über http://dnb.d-
nb.de/ abrufbar.

Impressum:

Copyright © 2009 GRIN Verlag, Open Publishing GmbH
Druck und Bindung: Books on Demand GmbH, Norderstedt Germany
ISBN: 9783640260690

Dieses Buch bei GRIN:

http://www.grin.com/de/e-book/122159/fuegen-von-leiterplatten-und-staendern-
mit-herstellung-einer-loetverbindung

Thomas Wüstner

Fügen von Leiterplatten und Ständern mit Herstellung einer Lötverbindung (Unterweisung Mechatroniker / -in)

GRIN Verlag

GRIN - Your knowledge has value

Der GRIN Verlag publiziert seit 1998 wissenschaftliche Arbeiten von Studenten, Hochschullehrern und anderen Akademikern als eBook und gedrucktes Buch. Die Verlagswebsite www.grin.com ist die ideale Plattform zur Veröffentlichung von Hausarbeiten, Abschlussarbeiten, wissenschaftlichen Aufsätzen, Dissertationen und Fachbüchern.

Besuchen Sie uns im Internet:

http://www.grin.com/

http://www.facebook.com/grincom

http://www.twitter.com/grin_com

Inhaltsverzeichnis

I. Allgemeine Angaben

Bezeichnung der zuständigen Stelle, bei der
die Unterweisungsprobe vorgelegt wird: Handwerkskammer zu Chemnitz

Name und Anschrift des Teilnehmers: Michael Mustermann
Breite Straße 1
00000 Waldheim

Tag der Unterweisung: 24. Januar 2009

Thema der Unterweisung: Fügen von Leiterplatte und Ständer mit Herstellung
einer Lötverbindung

Ziel der Unterweisung: Selbständiges Durchführen der Arbeiten unter Beachtung der Sicherheitsvorkehrungen

im Ausbildungsrahmenplan zuzuordnen unter: § 4 Nr. 10 c, d Arbeitsschritte ausführen unter Berücksichtigung funktionaler und funktionstechnischer Gesichtspunkte
§ 4 Nr. 3 a Sicherheit und Gesundheitsschutz bei der Arbeit

Lernort (Ausbildungsplatz):   Pumpenherstellungswerk GmbH Waldheim
Abteilung: Handarbeitsplatz im Fertigungsbereich

Zahl der Auszubildenden während der
Unterweisung: 1 Auszubildender

Ausbildungsjahr und Ausbildungsmonat: Der Auszubildende befindet sich im 8. Ausbildungsmonat des 1. Ausbildungsjahres

Zeitdauer der Unterweisung: ca. 30 Minuten

Ausbildungsmittel:
- Ständerpaket
- Leiterplatte
- Lötkolben
- Lötzinn
- Vorrichtung für Ständerpaket
- Absaugung
- Antistatikband ESD-Schutzausrüstung
- Arbeits- und Prüfunterweisung
- Kugelschreiber
- Notizblock

Erklärung des Prüfungsteilnehmers

Die nachfolgende Beschreibung umfasst 9 Seiten.
Ich erkläre, dass ich diesen Unterweisungsentwurf selbständig erstellt habe.

Waldheim, 18.12.2008

_____   _____
Ort, Datum: Unterschrift:

II. Inhaltliche und methodische Struktur des Unterweisungsablaufs

1. Einordnen des Themas in den Gesamtstoffplan der Ausbildungsordnung

Verordnung über die Berufsausbildung Mechatroniker/Mechatronikerin für den Ausbildungsberuf

§ 4 Ausbildungsrahmenplan

2. Angaben zum Lehrling / Adressdatenbeschreibung

Auszubildender: Frank X.
                                                   17 Jahre
                                                   Mittlere Reife
                                                   aufgeschlossen und spontan
                                                   sehr intelligent und lerneifrig

2.1 Analyse der Ausgangslage

Der Auszubildende befindet sich im 8. Ausbildungsmonat des 1. Ausbildungsjahres. In der letzten Unterweisung wurden die verschiedenen Leiterplatten und Ständertypen behandelt, die in der Abteilung zum Einsatz kommen. Dabei ging es vor allem darum, den Einsatzzweck, den sicheren und arbeitschutzgerechten Umgang mit den Bauteilen zu ergründen und nach Arbeitsunterweisung zu arbeiten.

Der Auszubildende Frank X. konnte bereits von praktischen Erfahrungen aus dem privaten Umfeld berichten. Er bracht auch Praxiswissen in die Diskussion mit ein und kannte schon viele Details über die unterschiedlichen Bauteile.

Beim Thema Arbeiten nach Arbeitsunterweisung konnte er sein Berufsschulwissen auffrischen.

III.   Unterweisungsziele

Ausbildungsberuf: Mechatroniker/Mechatronikerin

Thema bzw. Lernstoff: Fügen von Leiterplatten und Ständern mit Herstellung von
                                            Lötverbindungen nach Arbeitsunterweisung

Lernziel beinhaltet: Der Auszubildende soll seine Kenntnisse im Bereich Fügen
                                            durch Montieren und Löten sowie das Arbeiten nach Arbeits-
                                            unterweisung festigen.

kognitive Lernziele: Vermittlung von Kenntnissen über:

                                            - die Funktion und das Zusammenwirken von Bauteilen
                                            - Arbeiten nach Arbeitsunterweisung
                                            - Notwendigkeit von sorgfältiger Arbeit zum Erreichen einer
                                              hohen Qualität
                                            - Kenntnisse zur Auswahl der richtigen Vorrichtungen und
                                              Werkzeuge und deren Verwendung

Psychomotorische Lernziele: Vermittlung von Fertigkeiten:

                                            - Handhabung der Werkzeuge und Bauteile und sicherer
                                              Umgang mit diesen
                                            - zielgerichtetes Arbeiten nach Arbeitsunterweisung
                                            - Abarbeiten der Arbeitsschritte in richtiger Reihenfolge
                                            - Wahrung der Ordnung, Sauberkeit und Übersicht am
                                              Arbeitsplatz während der Arbeit, da es zeitsparend und es
                                              nicht zu Verwechslungen der Bauteile kommt.

Affektive Lernziele: Vermittlung von gefühlsmäßigen Verhaltensweisen:

                                            - Verantwortungsbewusstsein im Umgang mit Materialien
                                              und Werkzeugen vermitteln
                                            - Hilfsbereitschaft, Verantwortungsbewusstsein und kol-
                                              legiales Verhalten bei der Zusammenarbeit mit anderen
                                              Kollegen
                                            - Förderung des Ordnungssinnes, da die zu qualitätssiche-
                                              rem Arbeiten beiträgt
                                            - Stärkung des Selbstbewusstseins

Ausbilder: muss folgende Eigenschaften erfüllen:

                                            - methoden-, sozial- und fachkompetent
                                            - möglichst kooperatives Verhalten
                                            - gute Lernatmosphäre schaffen und Lernwillen des Aus-
                                              zubildenden erzeugen und steigern

Unfallverhütungsvorschrift: - Besonderheiten beim Arbeiten und Reinigen von Geräten
                                              und Umgang mit chemischen Stoffen (Absaugung während
                                              des Lötvorganges einschalten und reinigen der Vorrichtung
                                              mit Spiritus)
                                            - Beachtung der allgemeinen Arbeitsschutzvorschriften

IV. Unterweisungsmethode

Das Fügen von Leiterplatten und Ständern sowie das Verlöten wird anhand der 4-Stufen-Methode durchgeführt, da diese den größten Unterweisungserfolg verspricht.

Erste Stufe

Die einzelnen Bauteile, die Vorrichtung und das Werk-Zeug sowie die Arbeitsunterweisung werden erklärt.

Das manuelle Fügen der Komponenten und das Verlöten werden unter Beachtung der Sicherheitsvorkehrungen besprochen.

Zweite Stufe

Der Ausbilder macht den Zusammenbau und das Löten vor und erklärt die einzelnen Arbeitsschritte auf Basis der Arbeitszergliederung.

Dritte Stufe

Der Auszubildende macht das manuelle Fügen und das Löten nach.

Der Ausbilder erhält dadurch einen Überblick, ob der Auszubildende das vermittelte Wissen verstanden hat oder ob noch Defizite bestehen.

Nach Abschluss dieser Übungsaufgabe erfolgt eine kurze Auswertung der heutigen Unterweisung.

Vierte Stufe

Der Auszubildende übt und festigt das vermittelte Fachwissen. Bei noch offenen Fragen und Problemen steht der Ausbilder hilfreich zur Seite.

V. Unterweisungsmittel

- Ständerpaket

- Lötkolben mit Zinn

- Vorrichtung für Ständerpaket und Absaugung

- ESD-Schutzausrüstung

- Arbeits- und Prüfunterweisung

VI. Durchführungsplanung der Unterweisung

6.1 Erklären bzw. Einführung des Themas - Stufe 1

- freundliche Begrüßung des Auszubildenden

- kurze Wiederholung des letzten Unterweisungsthemas (Einsatzzweck verschiedener Leiterplatten- und Ständertypen, sicherer und arbeitschutzgerechter Umgang mit den Bauteilen sowie Arbeiten nach Arbeits- und Prüfunterweisung)

- Erklären der Notwendigkeit von Sicherheitsvorkehrungen, deren Anwendung (Antistatikband und ESD-Ausrüstung) und anlegen der Schutzausrüstung

- Vorstellung des neuen Unterweisungsthemas

- Erläutern der dazugehörigen Arbeits- und Prüfunterweisung

- Bereitstellen von Arbeits- und Hilfsmitteln (Vorrichtung, Lötkolben, Lötzinn, Ständerpaket und Leiterplatte)

- Erklären der Theoriegrundlagen zum Fügen der Teile und deren feste Verbindung durch Verlöten

6.2 Vormachen – Stufe 2

Auf Basis der Arbeitszeitzergliederung führt der Ausbilder die einzelnen Arbeitsschritte vor und erklärt diese. Dabei beobachtet er den Auszubildenden um ihn bei Unaufmerksamkeit zum Zuschauen zu motivieren.

6.2.1 Arbeitszergliederung

Nummer	Was geschieht? Arbeitsschritte	Wie geschieht es? Kernpunkte	Warum geschieht es so? Begründung
01	Einstellen der Löttemperatur	Die Löttemperatur wird an der Lötstation über einen Regler auf 400°C +/- 10°C eingestellt.	Damit eine fachgerechte Lötverbindung hergestellt werden kann.
02	Ständerpaket aufnehmen und in die richtige Richtung bringen	Den Ständer in die Hand nehmen und so drehen, dass sich die Unterseite des Ständers oben befindet. Nun wird er so ausgerichtet, dass die halbrunde Seite der Ständeraufnahme zum Körper zeigt	damit der Ständer richtig in die Vorrichtung eingesetzt wird
03	Ständerpaket einsetzen	In die bereitgestellte Vorrichtung wird das Ständerpaket so eingesetzt, dass die Ständerunterseite den Boden der Vorrichtung berührt.	um das Ständerpaket gegen Verdrehen zu sichern und um die Leiterplatte gerade aufzusetzen
04	Leiterplatte aufnehmen und ausrichten	Die Leiterplatte in die Hand nehmen und so ausrichten, dass die Kontakte der Leiterplatte nach Oben zeigen und nicht zum Körper gerichtet sind.	Damit die Leiterplatte in der richtigen Richtung auf den Ständer aufgesetzt werden kann.
05	Leiterplatte aufsetzen	Die Leiterplatte auf die vier Kontakte des Ständerpaketes aufsetzen und leicht andrücken bis sie in der Halterung einrastet.	Dadurch hat die Leiterplatte auf dem Ständerpaket den richtigen Sitz.
06	Löttemperatur kontrollieren	An der Lötstation wird die Löttemperatur abgelesen.	Um Löten zu können, muss die richtige Temperatur an der Spitze des Lötkolbens anliegen.
07	Lötkolben aus der Lötstation nehmen	Lötkolben mit einer Hand am Griff aufnehmen	um mit dem Lötvorgang zu beginnen
08	Lötzinn mit der anderen Hand aufnehmen	Lötzinnrolle mit der anderen Hand aufnehmen	damit beim Lötvorgang Zinn zugeführt werden kann

Nummer	Was geschieht? Arbeitsschritte	Wie geschieht es? Kernpunkte	Warum geschieht es so? Begründung
09	Kontakt mit Lötkolbenspitze vorwärmen	Die Lötkolbenspitze an einen der vier Kontakte für ein paar Sekunden halten.	Damit sich das Lötzinn besser mit dem Kontakt und dem Lötauge der Leiterplatte verbinden kann.
10	Lötzinn zuführen	Das Lötzinn an die Spitze des Lötkolbens halten und dabei langsam zuführen bis eine vollständig geschlossene Lötstelle entsteht.	Dabei verläuft das Lötzinn dosiert und kann sich besser am Kontakt und auf dem Lötauge der Leiterplatte verteilen.
11	Lötzinn wegführen	Nun wird das Lötzinn von der Spitze des Lötkolbens weggeführt.	Wenn zu viel Lötzinn zugegeben wird, kommt es zu einer kugelförmigen Anhäufung, die zu einer unvollständigen Lötstelle führt.
12	Lötkolben wegführen	Den Lötkolben mit Spitze nach kurzem Nachwärmen wieder wegführen.	Der Lötzinn kühlt ab und eine feste Verbindung ist hergestellt.
13	Kontrolle	Jetzt wird eine Sichtkontrolle durchgeführt und mit der Arbeits- und Prüfunterweisung verglichen.	Um die korrekte Ausführung der Lötstelle zu überprüfen, ist eine Sichtkontrolle unumgänglich.
14	Wiederholen	Die Schritte 09 bis 13 werden wiederholt, bis alle Kontakte verlötet sind.	Damit die Leiterplatte mit dem Ständerpaket vollständig verbunden ist und eine Weiterverwendung in der Produktion gewährleistet wird.
15	Lötkolbenspitze reinigen	Die Spitze des Lötkolbens im Reinigungsset durch abwischen säubern	um Lötreste an der Spitze zu entfernen
16	Lötkolben und Lötzinn ablegen	Lötkolben wieder in die Lötstation und das Lötzinn daneben legen	Da der Kolben sehr heiß ist, ist es notwendig ihn sicher und brandschutzgerecht abzulegen.
17	Ständerpaket aus der Vorrichtung nehmen	an der Leiterplatte anfassen und aus der Vorrichtung nehmen	damit neue Teile gefügt und gelötet werden können

6.3 Nachmachen – Stufe 3

- Der Auszubildende erhält nun die Aufgabe, die einzelnen Arbeitsschritte selbständig auszuführen.

- Daher überwacht der Ausbilder die Arbeitsschritte des Auszubildenden und berät ihn bei noch offenen Fragen.

- Kritik möglichst sparsam einsetzen, um den Auszubildenden nicht zu demotivieren

- Fehler ruhig und sachlich korrigieren und genau erklären

6.4 Üben und Festigen – Stufe 4

- Der Auszubildende hat nun die Gelegenheit zu üben.

- Der Ausbilder überwacht die einzelnen Arbeitsschritte und kontrolliert die Arbeit.

6.5 Sicherung des Unterweisungserfolges

- Nachbesprechung des Erlernten

- Hinweis auf Eintrag in das Berichtsheft (Ausbildungsnachweis)

6.6 Verabschiedung des Auszubildenden

- Der Auszubildende geht zurück an seinen Arbeitsplatz.

Unterweisungsende